생각하는 그대로

제임스 앨런의 생각 시리즈 ♠1

AS A MAN THINKTH

생각하는 그대로

제임스 앨런 지음 · 공경희 옮김 · 김미식 그림

도서출판
물푸레

옮긴이 | 공경희

공경희는 서울대학교 영어영문학과를 졸업하고 현재 전문 번역작가로 활동하고 있다. 대표작으로는 『남자처럼 일하고 여자처럼 승리하라』, 『트레버』, 『매디슨 카운티의 다리』, 『모리와 함께한 화요일』, 『바이올렛 할머니의 행복한 백년』, 『그 래서 그들은 바다로 갔다』 등이 있다.

그림 | 김미식

김미식은 1958년 여주에서 태어나 자신만의 그림 세계를 열정적으로 펼쳐가고 있으며, 그동안 다수의 개인전과 그룹전을 열었다. 주요 개인전을 보면 2005년 인사아트센터, 2005년 뉴욕 첼시아트센터, 2006년 KBS 등이 있으며 2009년 5월 1일 일본 동경에서 기획전이 열린다. 또한 도서출판 물푸레와 공동으로 '영국이 낳은 신비의 작가 제임스 앨런과 여류화가 김미식의 현대미술의 만남'이란 주제로 《제임스 앨런 생각시리즈》를 진행하고 있다.

생각하는 그대로

지은이 | 제임스 앨런
옮긴이 | 공경희 그림 | 김미식
펴낸이 | 우문식
펴낸곳 | 도서출판 물푸레

초판 1쇄 인쇄 2009년 3월 10일
초판 21쇄 발행 2018년 11월 11일

등록번호 | 제 1072-25호
등록일자 | 1994년 11월 11일
경기도 안양시 동안구 호계 1동 950-51
TEL | (031)453-3211, FAX | (031)458-0097
e-mail | mpr@mulpure.com
homepage | www.mulpure.com

이 책의 한국어판 저작권은 베스툰코리아를 통하여
데보스출판사와 계약한 물푸레에 있습니다.
저작권법에 의하여 보호받는 저작물이므로
사전 허락 없는 무단 전재나 복제를 금합니다.

값 8,500원

ISBN 978-89-8110-231-7 04840
ISBN 978-89-8110-230-9 (세트)

차례

제임스 앨런에 대하여_ 6

머리글_ 12

생각과 성격_ 16

생각과 환경_ 24

생각과 건강_ 46

생각과 목표_ 52

생각과 성공_ 60

비전과 이상_ 68

평온_ 80

제임스 앨런에 대하여

제임스 앨런은 20세기의 '신비의 문인'으로 불린다. 그의 베스트셀러인 고전 『생각하는 그대로As a man Thinketh』가 전세계 1,000만 명 이상의 독자들에게 알려졌지만, 정작 이 책의 저자인 그에 대해서는 별로 알려진 게 없다.

제임스 앨런은 1864년 영국 레스터에서 태어났으며 어릴 때 그의 아버지를 따라 미국으로 갔다. 그의 아버지는 유복한 사업가였지만 좋지 않은 경제상황 때문에 1878년 파산했고, 그 다음해 비참하게 살해당

했다. 이러한 가정환경 때문에 제임스 앨런은 15세 때부터 그의 가족을 위해 일하지 않으면 안 되었다. 앨런은 결국 결혼했고, 영국 거대기업의 행정을 다루는 개인 서기관이 되었다.

 38세에 그는 인생의 갈림길에 도달했다. 톨스토이의 저작들에 의해 영향받은 앨런은 돈을 벌고 소비하는 데 모든 것을 바치는 경박한 행위가 의미 없는 삶이라는 것을 깨닫기 시작하였다. 그는 직장에서 은퇴하고, 묵상의 삶을 수행하기 위해 영국 남서부

연안에 있는 작은 시골집으로 이사를 했다. 여기 해안의 골짜기에서 앨런은 그의 스승이었던 톨스토이의 교훈대로 자발적인 빈곤, 영적인 자기 훈련 그리고 검소한 삶을 통해 자신의 꿈을 수행했다.

앨런은 성경 말씀 속에 빛나는 지혜를 마음 깊이 새겼을 뿐 아니라, 동양의 고전에서 많은 깨달음을 얻었다. 글쓰기와 명상, 그리고 소일거리로 정원 가꾸는 일을 하면서 정신적인 삶을 영위할 수 있는 토양을 마련하였다.

전형적인 앨런의 하루는 아침 일찍 일어나고, 한 시간 넘게 명상을 위해 그곳에 머물렀던 바다가 내려다 보이는 절벽을 산책하는 것이었다. 그러한 가운데 눈에 띄지 않는 거미집처럼 그의 영적인 비전은 고양되고, 그가 알려고 하지 않아도 우주의 비밀이 눈앞에 펼쳐졌다. 고요한 이러한 감동들은 내부에 기억되었다. 그는 집으로 돌아온 후에, 종이에 자신이 느낀 단상들을 기록했다. 오후에는 정원을 돌보는 일에 매진했고 저녁에는 고상한 철학적 논점을 논쟁하길 원하는 마을 사람들과의 친교를 나눴다.

10년 동안 앨런은 묵상과 사색적인 삶을 살았고,

그의 저작의 로얄티로부터 나오는 적은 수입으로 생활했다. 그가 48세가 되었을 때, 그는 갑자기 우리 곁을 떠났다. 그는 참으로 미지의 사람이었고, 명성에 의해 훼손당하지 않고, 운명에 의해 좌우되지 않고 그가 원했던 삶의 방식대로 살다 죽었다. 그의 작품은 후에 문학적으로 천재적이고 영적인 것으로 인정받았다. 그러나 이것은 알려지지 않은 영국의 신비주의자가 원하던 길이었다. 그가 죽은 후에 그의 영적인 통찰력은 세계로 전파되었다.

그는 자신의 책 『생각하는 그대로 As a man Thinketh』에서 "고결하고 숭고한 인격은 신의 은혜를 입거나 운이 좋아서 생긴 것이 아니다. 올바른 생각을 하려고 끊임없이 노력하고, 신과 같은 숭고한 생각을 소중하게 품어온 대가이다"라고 말하고 있다.

앨런은 다음과 같은 원칙을 깨달았다. 바로 "인간은 자신의 정신으로부터 분리될 수 없다"라는 것이다. 인간의 삶은 자신의 생각으로부터 분리될 수 없다. 마치 빛, 광채, 색상이 서로 분리될 수 없듯이, 정신과 생각은 인간의 삶과 떨어져 생각할 수 없는 것이다. 그러므로 생각을 변화시키면 사람을 변화시킬 수 있다는 결론이 나온다.

앨런의 이와 같이 심오하고 호소력 있는 내용 때문에 이 책은 지금까지 많은 사람들에게 읽혀지고 있으며, 현대 명상 문학의 원조로 알려져 있다. 이 한 권의 책을 읽고 얼마나 많은 이들이 감동받았는지 헤아릴 수 없을 정도이다. 이 책은 영어권 국가만 해도 수십 개의 출판사에서 출판하고 있으며, 그 밖의 나라에서도 번역 출판되고 있다. 이 책의 판매량은 줄잡아 1천만 권이 넘는 것으로 추측된다.

그는 19권의 저서를 남겼다.

머리글

이 작은 책은 오랜 명상과 경험을 통해 얻어진 결과물이다. '생각의 힘'을 주제로 하고 있지만 논문이나 쓰듯이 어렵고 복잡하게 쓸 의도는 없다. 설명보다는 함께 되짚어보자는 제안이 담긴 글이 될 것이며, 이 책을 읽는 모든 독자가 다음과 같은 진실을 발견하고 깨달을 수 있게 자극하려고 이 글을 썼다.

여기서 말하는 진실이란,

"사람은 자신이 선택하고 품어온 생각 그대로 된다는 것!"

    정신은 성격이라는 안과 환경이라는 겉을 조화시키는 주체이다. 지금까지는 이를 알지 못해 고통 속에서 성격과 환경을 짜맞추려고 애써 왔더라도 이 책을 읽고 난 후에는 깨달음과 행복 속에서 그것들을 어렵지 않게 짜맞추어 갈 수 있을 것이다.

제임스 앨런

생각과 성격

생각과 성격은 하나

"사람은 자신이 생각하는 그대로이다"라는 금언은 한 사람의 존재뿐만 아니라, 그 삶의 모든 조건과 환경도 포함하고 있는 말이다. 사람은 문자 그대로 '자신의 생각 그 자체'이며, 자신의 생각들을 모두 모아 놓은 것이 곧 성격이다.

식물은 씨앗에서 싹을 틔워 자라며, 씨앗이 없으면 생겨날 수 없듯이 사람의 행동은 생각이라는 보이지 않는 씨앗에서 싹을 틔운다.

Thought and Character

    생각이 없었다면 밖으로 드러나는 행동도 없었을 것이며, 의도적인 행동뿐 아니라 '무의식적'이고 '우발적인' 행동도 알고 보면 생각에서 비롯된 것이다.

    행동은 생각이 꽃피운 것이며, 기쁨과 고통은 생각의 열매이다. 그러므로 달콤한 과일을 열리게 하느냐 쓰디쓴 과일을 열리게 하느냐는 그 사람의 생각에 달려 있으며, 사람은 자신이 키운 과일의 창고라 할 수 있다.

마음속의 생각이 그대를 만든다
지금 그대의 모습은 생각이 빚어 놓은 것
그대 마음에 사악한 생각만 가득하다면
소가 달구지를 끌듯이
고통만이 그대에게 달려오리라
마음에 맑고 순수한 생각이 담겨 있다면
항상 그대를 떠나지 않는 그림자처럼
기쁨만이 그대를 따르리, 틀림없이.

  사람은 자연의 법칙에 따라 태어나고 성장하는 존재이지, 기묘한 솜씨로 만들어진 창조물이 아니다. 따라서 원인과 결과는 눈에 보이는 물질 세계에서처럼 생각이라는 보이지 않는 영역에도 분명하고 확실하게 존재한다. 신을 닮은 숭고하고 거룩한 성격은 특별한 은혜를 받거나 우연히 얻어지는 것이 아니다. 그것은 옳은 생각만을 하려고 끊임없이 노력한 결과이며 오랫동안 그런 생각을 소중하게 간직해온 대가인 것이다. 마찬가지로 천박하고 야만스런 성격은 줄곧 비열한 생각을 마음속에 품어온 결과이다.

자기 운명의 주인은 바로 자신이다

사람은 자기 자신에 의해 만들어지기도 하고 망가지기도 한다. 사람은 생각이라는 무기 공장에서 자기 자신을 파괴할 무기를 만들기도 하고, 기쁨과 활력과 평화가 넘치는 천국 같은 마음 상태를 실현하는 데 쓸 도구를 만들기도 한다. 올바른 생각을 선택하여 참되게 쓰면 신과 같은 완벽한 경지에 다다르지만, 생각을 함부로 해서 잘못 쓰게 되면 짐승보다 못한 삶으로 굴러 떨어진다. 이 양 극단 사이에 모든 등급의 성격이 있으며, 사람은 바로 그 성격을 만드는 당사자이며 주인이다.

영혼에 관한 아름다운 진실은 많다. 그 모든 진실 중에서도 "사람은 자기 생각의 주인이자 성격의 주체이며 삶의 조건과 환경, 운명까지 창조하고 특징짓는 당사자"라는 진실만큼 기쁘고 보람된 것은 없다. 그것은 신의 약속이자 믿음이다.

사람은 힘과 지성과 사랑을 가진 존재이며 생각의 주인으로서 모든 상황에 대처할 수 있는 열쇠를 쥐고 있으며, 자신의 의지대로 자신을 만들 수 있게 변화시키고 개선하는 능력을 가지고 있다.

사람은 언제나 주인이다. 약하기 그지없고 버려진 듯 비참한 상태에서도 역시 주인이다. 그러나 약함과 황폐함 속에서 헤매고만 있다면 그는 집안을 잘못 다스리는 어리석은 주인이다. 따라서 자신의 처지를 되짚어보고, 자기 존재를 확고히 세울 수 있는 토대를 부지런히 찾기 시작할 때 비로소 현명한 주인이 될 수 있다. 현명한 주인은 자신의 에너지를 지혜롭게 관리하며, 자신의 생각을 보람 있는 목적으로 가꾼다.

이런 사람이 '의식 있는' 주인이며, 자기 내면에 있는 생각의 법칙을 발견해야만 그런 주인이 될 수 있다. 그런 발견은 적절한 적용과 자기 성찰, 수많은 경험이 있어야 이루어질 수 있다.

구하라 그러면 반드시 찾을 것이다

수없이 찾아 헤매고 캐내는 과정을 거쳐야만 금과 다이아몬드를 얻는 것처럼, 영혼이란 광산을 깊이 파 들어가면 자신의 존재와 관련된 모든 진리를 발견할 수 있다.

사람은 스스로 자신의 성격을 만들고 삶의 틀을 짜고 운명을 개척하는 존재이다. 이는 자신의 생각을 관찰하고 조절하고 변화시키면서 그 생각이 자신과 타인 그리고 자신의 삶과 환경에 미치는 영향을 꼼꼼히 살펴보면 틀림없이 입증될 것이다. 또한 원인과 결과를 고리 지어 연결해 봐도 알 수 있을 것이며, 끈질긴 실습과 함께 자신이 체험한 모든 것들, 심지어 매일 일어나는 아주 사소한 일까지도 연구하고 이용함으로써 증명된다. 이 모든 것은 바로 자신이 깨달음과 지혜와 능력의 존재라는 지식을 얻는 수단이기도 하다.

　바로 이런 점에서 "구하라 그러면 찾을 것이요, 두드려라 그러면 열릴 것이다"라는 법칙은 절대적이다. 참고 행하며 끊임없이 변하는 사람만이 지식의 전당으로 들어갈 수 있다.

생각과 환경

환경에 대한 생각의 결과

사람의 마음은 정원과 같아서 지혜롭게 가꿀 수도 있고 거친 들판처럼 버려둘 수도 있다. 하지만 가꾸든지 버려 두든지 반드시 싹은 돋아난다. 씨앗을 뿌리지 않아도 어디선가 쓸모없는 잡초 씨가 날아와 무성하게 자라게 되는 것이다.

자신의 정원을 가꾸는 정원사가 잡초는 뽑아 버리고 자기가 원하는 꽃과 과일나무를 심는 것처럼, 마음이란 정원에서 비뚤어지고 쓸데없고 불순한 생각

Effect of Thought on Circumstance

들은 없애 버리고, 옳고 유익하며 순수한 생각이 꽃 피고 열매를 맺는 완벽한 정원이 되도록 가꾸어 나아가야 한다.

이런 과정을 거쳐가면서 사람이야말로 영혼을 아름답게 가꾸는 최고의 정원사이며, 삶을 이끌어가는 지도자임을 깨닫게 된다. 또한 자기 내면에 있는 생각의 법칙을 찾아내고, 생각의 힘과 마음이 어떻게 자신의 성격과 환경, 운명을 만들어가는지를 점점 확실하게 깨닫게 된다.

생각과 성격은 하나이다. 성격이 환경과 여건을 통해 분명해지고 자신을 발견할 수 있는 것처럼, 삶의 외부 조건들은 항상 내면의 상태와 조화롭게 관계되어 있음을 알 수 있다. 그렇다고 해서 어떤 특정한 시점에서의 환경이 자신의 성격 자체라는 뜻은 아니다. 다만 자신의 환경은 자기 내면에 있는 생각과 아주 밀접한 관계가 있으며, 그것은 자신이 발전하는 데 반드시 필요하다는 뜻이다.

모든 사람은 존재의 법칙에 따라 그 자리에 있게 된다. 자신의 성격 안에 품었던 생각들이 자신을 그곳으로 이끌었던 것이다. 삶에 있어서 우연이란 요소는 없다.

모든 것이 결코 실수일 리 없는 자연 법칙의 당연한 결과일 뿐이다. 이것은 자기 처지에 만족하는 사람뿐만 아니라 주어진 환경에 적응하지 못하고 불평하는 사람에게도 똑같이 해당되는 진리이다.

환경은 생각으로부터 나온 산물이다

점점 발전하고 진화하는 존재인 사람은 자신이 배

우고 성장한 곳에 있게 된다. 어떤 환경에 처해 있든 그 환경이 낳은 정신적 교훈을 배우면서, 점차 다른 환경으로 들어서게 된다.

자신이 외부 환경의 노예라고 믿고 있는 한, 그는 환경에 시달릴 수밖에 없다. 그러나 자신이 바로 환경을 만드는 창조자이며, 보이지 않는 마음의 텃밭에 자기 존재라는 씨앗을 마음대로 뿌릴 수 있고, 그 씨앗에서는 환경이 자라난다는 것을 확실히 깨닫게 되면 자신을 올바르게 이끄는 진정한 주인이 된다.

어느 기간 동안 자신을 다스리고 순화시키는 훈련을 쌓아온 사람이라면 누구나 환경이 생각으로부터 자라난 것임을 알게 된다. 정신적 변화에 비례해서 환경도 변한다는 사실을 깨닫게 될 것이기 때문이다. 사실 누군가가 진심으로 자기 성격의 단점을 고치기 위해 노력해서 빨리 향상된다면, 그는 일련의 환경 변화도 그만큼 빠르게 겪게 된 셈이다.

영혼은 은밀히 감추어진 것을 끌어당긴다. 좋아하는 것은 물론이고 두려워하는 것까지도. 그것이 가슴속에 품은 원대한 포부라면 그 크기만큼 높이 이르고, 주체 못할 탐욕이라면 깊은 수렁으로 떨어진다. 환경은 영혼이 그 자체를 받아들이는 수단이다.

 마음 밭에 뿌려진 생각의 씨앗들은 그곳에 뿌리를 내리고, 머지않아 행동이라는 꽃을 피우고, 마침내 생각대로 무엇이든 할 수 있는 기회와 환경이라는 열매를 맺는다. 좋은 생각은 좋은 열매를 맺을 것이며, 나쁜 생각은 당연히 나쁜 열매를 맺는다.

 환경이라는 외부 세계는 생각이라는 내면 세계에 따라 만들어진다. 유쾌한 것이든 불쾌한 것이든 외부 환경은 궁극적인 선善을 만드는 요소들이다. 자신이 뿌린 대로 거두게 됨으로써 사람은 고난과 축복 속에 교훈을 얻는다.

 사람은 자신을 지배하는 마음속의 욕구와 열망, 생각들을 따름으로써 마침내 외부 환경 속에서 결실을 맺고 성취할 수 있게 된다. 자신을 지배하는 것들은 보잘것 없는 한줌의 불순한 상상을 추구하거나 강하고 고매한 노력의 고속도로를 강행군하기도 한다. 어느 것이든 성징과 조정의 법칙을 따르기 마련이다.

환경은 자신을 바꾸어 주는 거울

 사람은 운명이나 환경이 횡포를 부려서 교도소나 부랑인 수용소에 가는 것이 아니다. 비굴한 생각과 비천한 욕망 때문에 그런 일을 당하는 것이다. 마음이 맑고 깨끗한 사람이 단지 외적인 요인 때문에 갑자기 범죄를 저지르는 일은 없다. 범죄와 관련된 생각이 오랫동안 마음에서 은밀히 자라고 있다가, 기회가 온 순간 온힘을 다하여 밖으로 드러난 것이다.

 환경이 사람을 만드는 게 아니다. 내면에 있는 자신의 생각을 밖으로 드러낸 것 뿐이다. 사악한 마음이 없는데도 환경이 그를 악의 구덩이로 떨어지게 하는 일은 없다. 반면에 덕을 향한 열망으로 꾸준히 수양을 쌓지 않았는데도 환경이 그 사람을 높은 미덕과 지순한 행복의 세계로 끌어올리는 일도 있을 수 없다. 생각의 주인이며 지배자인 사람만이 자신을 창조하고 환경을 설계하는 존재인 것이다.

 태어나는 순간에도 영혼은 그만의 모습을 드러내며, 인생 행로의 모든 단계를 거치는 동안 드러나 있는 여러 가지 환경에 물들게 된다. 그러한 환경들은 순수함과 불순함, 강함과 나약함을 비추는 거울이다.

사람은 자신이 원하는 모습이 되는 것이 아니라, 본모습 그대로 드러난다. 변덕이나 환상, 야망 따위는 살아가는 동안 좌절되지만, 마음속의 생각과 열망은 자신을 자양분으로 삼아 쑥쑥 자라서 더러워지거나 깨끗해진다.

'사람을 완결 짓는 신성'은 자기 내면에 있으며, 바로 우리 자신이다. 사람을 속박할 수 있는 것은 자기 자신뿐이다. 생각과 행동은 비운의 간수가 되거나 자유의 천사가 된다. 비운이란 생각과 행동이 자신을 가두어 비참해지는 것이며, 자유란 마음껏 활동하게 하여 고결해지는 것이다.

사람은 자신이 원하고 기도한다고 해서 원하는 것이 얻어지는 게 아니다. 스스로 거두는 것을 얻는 것이다. 소망과 기도는 생각과 행동에 조화를 이룰 때 비로소 응답 받고 이루어지는 것이다.

이런 사실을 놓고 볼 때, "환경에 맞서 싸운다"라는 말은 과연 무슨 말인가? 이것은 마음속에는 항상 그런 환경이 생겨날 원인을 품고 키워 왔으면서, 겉으로 드러난 결과에는 맞서겠다는 뜻이다. 그 원인은 의식적인 악의 형태일 수도 있고, 무의식적인 나약함의 형태일 수도 있지만, 어느 쪽이든 당사자의 노력을 완강하게 막아 무력하게 만든다. 그래서 환경을 개선하자고 크게 외치는 것이다.

적극적으로 자신을 개선시켜라

 사람은 환경을 개선하려고 안간힘을 쓰지만, 자신을 개선하는 데는 소극적이다. 그래서 우리는 여전히 그 자리에 있는 것이다.

 자기 희생을 두려워하지 않는 사람은 마음먹은 목표를 반드시 성취한다. 이는 정신적인 일뿐 아니라 물질적인 목적을 이루는 데도 적용되는 진리이다. 유일한 목표가 고작 부를 거머쥐는 것이라 해도, 그 목표를 이루기까지는 개인적인 큰 희생이 따라야 한다. 재물만 얻으려 해도 그런데, 힘 있고 안정된 삶을 살려는 사람에게는 얼마나 큰 희생이 필요하겠는가?

 여기 비참할 만큼 가난한 사람이 있다. 그는 자기 처지와 가정 형편이 좀더 나아지기를 갈망하면서도 항상 해야 할 일을 하지 않거나 게을리한다. 그러면서 고용주가 임금을 조금 주니 어쩔 수 없다며 돈을

훔쳐낸다. 이런 사람은 참된 성공의 길로 가는 가장 단순한 기본 원리도 이해하지 못하는 부류다. 이 사람이 비참함에서 벗어난다는 것은 전적으로 온당치 못할 뿐 아니라, 사람답지 못한 생각에 젖어 게으르고 속이는 행위를 함으로써 여전히 깊고 깊은 비참함에 빠져들게 된다.

여기 탐욕스러운 식욕을 주체 못해 생긴 고통스런 병에 시달리는 부자가 있다. 그는 병을 고치기 위해서라면 상당액의 재산을 쓸 작정이지만, 본인의 탐욕스런 식욕만은 없애려 하지 않는다. 이 사람은 비싸기만 했지 몸에 좋지 않은 진귀한 요리를 끊임없이 포식하면서도 건강하기를 바란다. 이런 사람은 결코 건강을 얻을 수가 없다. 건강한 삶에 필요한 첫째 원칙도 아직 깨닫지 못했기 때문이다.

여기 노동자를 고용한 사람이 있다. 그는 온갖 속임수를 써서 주어야 할 임금을 주지 않고, 인건비를 줄여 더 큰 이익을 내고 싶어한다. 이런 사람은 대체로 성공할 수가 없다. 어느 날 파산하게 되어 명성도 재산도 거덜나게 되면, 그때는 환경을 탓한다. 그런 처지로 몰고 간 장본인이 바로 자신이라는 것은 까

맣게 모른 채.

 위의 세 가지 경우를 예로 든 것은, 비록 거의 모두가 의식하지 못하고 일을 저질렀다 해도 그런 환경의 원인 제공자는 바로 자기라는 점을 생생하게 보여주고 싶었기 때문이다. 또한 목표와는 전혀 다른 방향의 생각과 욕망을 가짐으로써, 목표가 달성되는 것을 가로막는 사람도 바로 본인이라는 점을 분명히 말하고 싶다. 그걸 모르고 환경만 탓하는 예는 얼마든지 많지만, 그런 사람이 되지 않을 수도 있다.

 이 책을 읽는 독자는 자신의 마음과 삶 속에 있는 생각의 법칙이 지금까지 어떻게 작용해 왔는지 그 행적을 잘 분석해 보면, 외적인 요소는 아무 이유가 될 수 없다는 것을 알게 될 것이다.

선은 악을 만들 수 없다

 하시만 환경이란 너무도 복잡하고, 생각은 깊이 뿌리를 내리고 있으며, 행복의 조건 또한 너무도 다양할 뿐 아니라 개인마다 다르다. 따라서 겉으로 드러난 삶의 모습만을 보고 그 사람의 전체적인 정신 상태를 판단해서는 안 된다.

어떤 면에서 정직한 사람이 궁핍해서 고생을 하기도 하고, 정직하지 않은 사람이 부유하기도 하다. 그렇다고 해서 누구는 그 정직함 때문에 실패하고, 다른 누구는 그 부정직함 때문에 부유하다고 결론을 낸다면, 겉만 보고 내린 표면적인 판단에 불과하다. 그런 결론은 부정직한 사람은 거의 모두가 타락한 자이고, 정직한 사람은 모두가 덕망 있는 자라는 전제 아래 내려진 것이기 때문이다. 하지만 깊은 지식과 폭넓은 경험으로 조명해 보면, 그것은 잘못 내린 판단임을 알 수 있다.

부정직한 사람에게 남이 갖지 않은 놀라운 미덕이 있을 수도 있고, 정직한 사람이 남에게는 없는 아주 몹쓸 사악함을 갖고 있을지도 모르는 노릇이다. 정직한 사람은 정직한 생각과 행동으로 좋은 결과를 거둬들이는 한편, 그의 사악함이 낳는 고통 또한 스스로 짊어지게 된다. 부정직한 사람 역시 스스로 뿌린 고통과 행복을 함께 거둬들인다.

자신의 미덕 때문에 고통을 받는다고 믿는 편이 자부심을 채워 주긴 할 것이다. 그러나 정신으로부터

역겹고 씁쓸하며 불순한 생각을 뿌리째 거둬 내고, 영혼으로부터 모든 죄악의 얼룩을 지워 버려야만 비로소 자기는 선함 때문에 고통을 당하는 것이지 사악해서가 아니라고 당당하게 주장할 수 있게 된다.

절대적 완벽함에 도달하기까지는 아직 먼 길이 남아 있지만, 그것을 향해 꾸준히 걷다 보면 자신의 마음과 삶 속에서 위대한 법칙을 발견하게 된다. 이 법칙은 완전무결하게 정의로워서 선을 악으로, 악을 선으로 갚을 수 없는 법칙이다. 이런 지식을 터득하고 나면 비로소 깨닫게 될 것이다. 지난날의 무지하고 맹목적이던 자신을 되돌아볼 때, 자신의 삶은 과거에도 현재에도 질서 정연하며 좋든 나쁘든 과거의 경험 모두가 점점 진화해 가지만 아직은 완전히 진화되지 않은 자아가 공정하게 해온 일이었음을…….

사람은 생각하는 그대로 된다

좋은 생각과 행동에서 나쁜 결과가 나올 수 없고, 나쁜 생각과 행동에서 좋은 결과가 나올 수 없다. '콩 심은 데 콩 나고, 팥 심은 데 팥 난다'는 속담 그대로이다.

  사람은 자연계에서는 이 법칙을 이해하고 거기에 맞춰 일하면서도, 정신과 윤리 면에서는 이 법칙을 잘 이해하지 못하고 그에 따르지 않는다. 자연계에서와 똑같이 정신 세계에서도 단순하고 분명하게 작용하는 데도 말이다.

  고통은 어떤 면에서 나쁜 생각을 했기 때문에 나타나는 결과이다. 고통은 자기 자신 또는 자신의 존재의 법칙과 조화를 이루지 못했다는 표시이다. 고통을 가장 훌륭하게 사용하는 방법은 딱 한 가지, 쓸모없고 불순한 모든 것을 태워 버리고 정화시키는 것이다. 순결한 사람에게는 고통이 사라지게 된다. 금에서 모든 불순물을 제거한 후에는 더 이상 뜨겁게 달굴 필요가 없듯이 완벽하게 순수하고 깨우친 존재에게는 고통이 있을 수 없다.

  고통스러운 환경에 처하게 되는 것은 정신의 부조화가 빚어낸 결과이며, 축복 받은 좋은 환경은 정신적인 조화가 이루어낸 산물이다. 축복은 물질의 소유에 있는 게 아니라 바른 생각을 했다는 증표이다. 또한 불행은 물질의 궁핍이 아니라 나쁜 생각으로 얻게 된 대가이다. 저주받은 사람이 부유한 경우도 있고, 축복받은 사람이 가난한 경우도 있다. 부가 올바르고 현명하게 쓰여질 경우에만 축복과 부는 하나로 결합된다. 가난한 사람이 스스로 복이 없어서 가난이라는 짐을 졌다고 여긴다면 그는 오직 불행의 수렁으로 떨어질 뿐이다.

불행의 양극단을 이루는 것은 결핍과 과잉이다. 두 가지 모두 자연 이치에 어긋난 것이며, 정신적인 무질서에서 나온 결과이다. 사람은 행복하고 건강하고 성공한 존재가 될 때까지는 올바른 상태에 있는 것이 아니다. 행복과 건강, 성공은 사람과 환경, 내면과 외부가 조화를 이룰 때 얻게 되는 결과이기 때문이다.

내면에 숨어있는 힘을 찾아라

불평과 원망을 멈추고, 자신의 삶을 조절하는 보이지 않는 정의를 찾아내기 시작할 때에야 비로소 사람다운 사람이 된다. 자신의 삶을 조절하는 요인이 무엇인지에 대해 진지하게 마음을 쏟다 보면, 그런 처지에 빠지게 된 원인이 더 이상 다른 사람에게 있지 않다는 것을 깨닫게 되고, 나 자신의 내면에 좀더 강하고 숭고한 생각을 쌓게 된다. 더 이상 환경에 반항하지 않게 되며, 오히려 그 환경을 나 자신이 더욱 빠르게 발전하는 데 도움을 주도록 이용하고, 자기 안에 감춰져 있는 저력과 가능성을 발견해 내는 수단으로 활용하게 된다.

우주의 원리는 정해진 법칙에 따라 움직이는 것이지 혼돈이 아니다. 불의가 아닌 정의가 삶의 영혼이자 본질이며, 인간의 정신 세계를 강력하게 다스리는 힘은 부정이 아닌 올바름이다. 이와 같이 우주는 정의롭고 올바르다는 것을 깨닫게 되면 사람도 자신을 바르게 세울 수밖에 없다. 자신을 바로 세우는 과정을 겪는 동안, 자신의 생각을 세상이나 다른 사람을 향하도록 바꾸면 그들도 내 쪽으로 생각을 바꾼다는 것을 깨닫게 된다.

이런 진리는 모든 사람에게서 볼 수 있으며, 자기 반성과 구체적인 분석을 해보면 쉽게 알 수 있다. 파격적으로 생각을 바꾸어 보라. 그에 따라 자신을 둘러싼 물질적인 환경도 얼마나 파격적으로 바뀌는지

보고 놀라게 될 것이다.

부정적인 생각이 낳는 것

사람들은 생각을 비밀스럽게 간직할 수 있다고 믿지만, 그렇지 않다. 생각은 습관적인 버릇이 되어 마치 수정처럼 훤하게 그대로 드러나며, 그런 습관은 환경으로 굳어진다.

- 야만적인 생각은 주색에 탐닉하는 버릇으로 숨김없이 드러나며, 이런 습관은 파멸과 질병이라는 환경을 낳는다.
- 여러 가지 불순한 생각은 활력이 없고 무질서한 습관으로 나타나며 그것은 마음 산란한 역경에 빠지게 한다.
- 두려움과 의심, 우유부단한 생각은 나약하고 비겁하고 결단력 없는 습관으로 나타나고, 이것은 실패와 결핍, 의존적인 환경을 만든다.
- 게으른 생각은 불결하고 정직하지 못한 습관으로 드러나며, 이것은 또 비천하고 궁핍한 환경을 만든다.
- 증오하고 저주하는 생각은 습관적인 비난과 폭력으로

나타나며, 이것은 상처를 남기고 남을 해치는 환경을 만든다.
- 온갖 종류의 이기적인 생각은 자기 중심적인 습관으로 드러나며, 이런 습관은 결국 절망적인 환경에 처하게 한다.

한편 온갖 아름다운 생각은 품위 있고 친절한 습관으로 드러나며, 이것은 다정하고 밝은 환경을 만든다.

긍정적인 생각이 낳는 것
- 순수한 생각은 절도 있고 자제하는 습관을 낳고, 이것은 안정되고 평화로운 환경을 만든다.
- 용기와 자신감, 결단력 있는 생각은 씩씩하고 용감한 습관이 되어 성공과 풍요와 자유가 넘치는 환경을 맞이하게 한다.
- 활력이 넘치는 생각은 깨끗하고 부지런한 습관으로 이어져 즐겁고 화목한 환경으로 만든다.
- 온화하고 너그러운 생각은 친절하고 예의 바른 습관을 갖게 하며, 자신을 보호하고 지키는 환경으로 이어진다.
- 사랑이 넘치고 남을 배려하는 생각은 남을 위해 희생하

는 습관이 되어 확실하고 지속적인 번영과 진정한 부를 누리는 환경을 만든다.

생각에 따라 환경이 만들어진다

좋든 나쁘든 어떤 생각을 끊임없이 계속하면, 그 영향이 성격과 환경으로 이어지는 것은 분명한 사실이다. 따라서 사람이 직접 환경을 선택할 수는 없지만, 생각을 선택함으로써 간접적이지만 확실하게 자기가 바라는 환경을 만들 수 있다.

자연은 모든 사람들이 만족스러운 생각을 하게 하고 그것에서 가장 큰 용기를 얻을 수 있게 도와주며, 선한 생각이든 사악한 생각이든 가장 빨리 밖으로 드러나게 한다.

사악한 생각을 버려라. 그리하면 온 세상이 너그럽고 따뜻한 시선으로 당신을 바라보며 당신을 도울 준비를 하고 있을 것이다. 나약하고 병든 생각을 떨쳐 버리고, 기다려 보라! 당신의 단호한 결심을 도와주려고 여기저기서 손을 내미는 기회들이 나타날 것이다. 선한 생각을 더욱 격려하라. 그리하면 당신을 비참함과 수치심으로 옭아매려는 버거운 운명은 사라질 것이다.

이 세상은 자신의 마음을 비추는 만화경과 같아서, 움직일 때마다 다르게 나타나는 다양한 색상 조합은 바로 당신의 변화무쌍한 생각을 그대로 보여주는 정교한 그림들인 것이다.

그대는 그대가 원하는 모습대로 된다네
실패한 사람은 '환경'이라는 가엾은 세계에서
실패의 원인을 찾을 테지만,
정신은 그것을 비웃으며 환경에서 자유로워지리.

정신은 시간을 지배하고 공간을 정복하지
정신은 기회라는 허풍쟁이 사기꾼을 몰아내고
폭군 같은 환경에게 명령한다네
왕관을 내놓고 하인의 자리로 가라고.

보이지 않는 힘이요,
끊임없이 솟아오르는 불멸의 영혼인
인간의 의지는

어떤 견고한 장애물도 무너뜨리고
오직 목표를 향해 개척해 나갈 뿐이라네
늦어진다고 초조해 하지 말고,
깨달음을 얻은 사람처럼 기다리게.
정신이 잠에서 깨어나 명령하고
신들이 복종할 준비가 될 때까지.

생각과 건강

생각이 건강과 육체에 미치는 영향

육체는 생각의 하인이다. 의도적이든 저절로 그렇게 되든 육체는 생각이 하는 대로 끌려간다. 옳지 못한 생각을 하면 육체는 급속히 나빠져 쇠약해지며, 기쁘고 아름다운 생각을 하면 육체는 젊음과 아름다움으로 장식된다.

환경과 마찬가지로 질병과 건강 역시 생각에 그 뿌리를 두고 있다. 건강하지 못한 생각은 병약한 몸을 통해 저절로 나타난다. 위험을 느끼는 불안감은 총

알처럼 빠르게 사람을 죽음으로 몰고 가며, 그렇게 빨리는 아니더라도 오랫동안 끊임없이 수많은 사람들을 죽음에 이르게 해왔다. 늘 질병을 두려워하며 사는 사람이 병에 걸리기 마련이다. 근심 걱정은 빠른 속도로 온몸의 기운을 떨어뜨려 마침내 질병의 먹이가 되고 만다. 불순한 생각은 육체를 정복하지는 못하더라도 곧바로 신경 조직을 파괴해 버린다.

강하고 순수하고 행복한 생각은 육체를 활기차고 우아하게 만든다. 육체는 섬세하고 유연한 기관이어

서, 떠오르는 생각에 곧바로 반응하며, 습관처럼 품고 있는 생각은 좋든 나쁘든 그 영향이 육체에 그대로 나타나게 된다.

부정한 생각을 품고 있는 동안은 불순하고 더러운 피를 계속 갖게 될 것이며, 깨끗한 생각을 가져야 깨끗한 삶과 깨끗한 육체를 유지할 수 있다. 더러운 생각은 더러운 삶과 썩은 육체를 만든다. 생각은 행동과 삶의 원천이며, 그대로 나타나는 겉모습의 근원이다. 따라서 삶의 원천인 생각을 깨끗하게 만들면 모든 것이 순수해지는 것이다.

생각부터 바꾸지 않으면 아무리 훌륭한 식이요법도 건강에 도움을 주지 않는다. 생각을 순수하게 만들면 저절로 깨끗하지 않은 음식은 원하지 않게 된다.

깨끗한 생각은 깨끗한 습관을 만든다. 성자라는 사람이 자기 몸도 씻지 않는다면, 그는 성자가 아니다. 자신의 생각을 강하게 키우고 맑고 깨끗하게 만드는 사람은 악성 세균을 걱정할 필요가 없다.

마음이 건강을 결정한다

육체를 완벽하게 만들고 싶으면 생각을 잘 보살펴야 한다. 육체를 새롭게 하고 싶으면 당신의 생각을 아름답게 가꿔야 한다. 악의와 질투, 실망, 낙담 어린 생각은 몸에서 건강과 품위를 앗아간다. 심술궂은 얼굴은 우연히 그렇게 되는 것이 아니라, 심술궂은 생각을 품고 있기 때문에 만들어지는 것이다. 보기 싫은 주름살들은 어리석음과 격앙된 감정과 쓸데없는 자만심 때문에 생긴다.

내가 아는 한 부인은 96세지만, 순수하고 해맑은 소녀의 얼굴을 지니고 있다. 그런가 하면 아직 중년도 안 되었는데 얼굴에 아무렇게나 패인 주름살이 가득한 남자도 있다. 앞의 부인은 항상 아름답고 해맑은 생각을 하며 살아 온 결과이고, 뒤의 남자는 늘 격앙된 감정으로 불평 불만에 빠져 살아온 결과이다.

맑은 공기와 햇살을 방안에 마음껏 들이지 않으면 아름답고 위생적인 집을 가질 수 없듯이 기쁨과 선한 마음, 경건함을 거침없이 받아들여야만 건강한 몸과 밝고 행복하며 평온한 표정이 나온다.

나이 든 사람의 얼굴에는 연민을 느끼게 하는 주름

살들이 있다. 어떤 이들에게서는 건강하고 순수한 생각이 엿보이며, 어떤 이는 불만스러운 감정에 휘둘린 얼굴이다. 누군들 그 차이를 구별하지 못하겠는가?

올바르게 살아온 사람은 저물어가는 해처럼 고요하고 평화로우며 온화하게 늙는다. 최근에 나는 나이 말고는 늙은 데가 없는 한 철학자의 임종을 지켜보았는데, 지금껏 그렇게 살아왔듯이 아름답고 평온하게 저 세상으로 떠났다.

육체의 병을 내쫓는 데는 밝고 유쾌한 생각만큼 훌륭한 의사가 없다. 슬픔과 우울함의 그림자를 내모는 데는 선한 생각만큼 좋은 위로자는 없다. 계속해서 악의와 냉소, 의심과 질투에 물든 생각에 빠져 살면, 결국 자기가 만든 감옥에 갇히게 된다. 모든 것을 좋게 생각하고, 모든 것과 더불어 즐거워하고, 모든 것에서 좋은 점만 찾아내는 법을 참을성 있게 배우는것, 그런 이기적이지 않은 생각이 바로 천국으로 들어가는 문이다. 날마다 모든 생물체에 대해 늘 평온한 생각을 품고 살아가면, 그의 삶에는 넘칠 만큼 풍부한 평화가 안겨질 것이다.

생각과 목표

목적은 생각을 강하게 만드는 동반자

생각은 목적과 연결되어야만 비로소 지적인 성취를 이룰 수 있다. 대부분의 사람들은 생각이라는 배가 삶이라는 바다에서 방향을 잃고 표류하도록 내버려두고 있다. 그러나 목적이 없이 사는 것은 죄악이며, 재앙과 파멸을 피하고 싶은 사람에게는 이와 같은 표류가 더 이상 계속되면 안 된다.

삶에 중요한 목적이 없는 사람은 아주 사소한 걱정거리와 두려움, 고난, 자기 연민 등 나약함을 나타내

Though   h
*　　　　　　　 a*
*　　　　　　　 n*

P u r   p   o   s

는 모든 징후에 쉽게 빠져든다. 목적이 없는 삶은 의도적인 범죄를 저질렀을 때와 마찬가지로 반드시 실패와 불행, 상실로 이어진다. 강력한 힘을 향해 진화하고 있는 우주에서 이런 나약함은 오래 버틸 수 없기 때문이다.

사람은 마음에 올바른 목적을 품고, 그것을 성취하기 위해 나아가야 하며, 이런 목적을 생각의 중심으로 삼아야 한다. 목적은 당시 그 사람의 성향에 따라 정신적인 이상理想일 수도 있고, 세속적인 물질일 수

도 있다. 어느 쪽이든 앞에 놓인 목적에 생각의 힘을 집중시켜야 한다.

이 목적을 가장 중요한 의무로 삼아야 하며, 목적을 달성하는 데 온몸을 바쳐야 할 뿐 아니라, 생각이 덧없는 공상이나 막연한 동경과 상상에 빠져 헤매지 않도록 노력해야 한다. 이 길만이 자신을 통제하고 진정으로 생각에만 집중할 수 있는 왕도이다.

목적 달성에 몇 번이고 거듭 실패한다 해도 나약함을 극복할 때까지는 어쩔 수 없이 겪어야 하는 과정이다. 그러나 그 과정에서 얻는 인격의 강인함은 진정한 성공의 잣대가 될 것이며, 능력과 승리가 보장된 미래를 향한 삶의 새로운 출발점이 될 것이다.

위대한 목적에 대한 부담감으로 준비가 덜 된 사람은 우선 아무리 하찮아 보이는 일일지라도 의무감을 갖고 완벽하게 해낼 수 있도록 모든 생각을 그것에 모아야 한다. 이런 방법만이 생각을 한데 모으고 집중시킬 수 있으며, 목적을 이루겠다는 결심과 에너지가 새롭게 솟아나게 된다. 그쯤 되면 더 이상 이루지 못할 일은 아무 것도 없게 된다.

생각은 목적과 함께 자란다

자신의 약점을 파악하고, 강인한 힘은 오직 노력과 실천에 의해서만 개발될 수 있다는 진실을 믿는다면, 아무리 나약한 영혼을 지녔다 해도 그 믿음 안에서 마침내 노력하게 된다. 노력에 노력을 더하고 참고 참으며 힘에 힘을 더한다면, 그 영혼은 끊임없이 성장하여 마침내 신과 같이 강해질 것이다.

몸이 약한 사람이 신중하고 참을성 있게 단련시킴으로써 자신을 강하게 만들 수 있는 것처럼, 나약한 생각을 지닌 사람이라도 올바른 생각을 갖도록 자신을 훈련시킴으로써 강해질 수 있다.

목적 없는 삶과 나약함을 떨쳐 버리고, 목적을 가지고 생각하기 시작하면 강한 사람들의 반열에 끼이게 된다. 강한 사람들이란 '실패는 성공의 어머니'라 여기며, 모든 상황을 자신에게 유리하게 만들고, 강하게 생각하고 대담하게 시도하며 결국 보기 좋게 성취하는 사람들이다.

삶의 목적을 정한 사람은 그것을 달성하기 위해 한눈팔지 않고 오직 앞만 보며 곧게 뻗은 길을 가겠다고 단단히 결심해야 한다. 의심과 두려움은 엄격하

게 차단시켜라. 그것들은 노력이라는 곧은 선을 망 가뜨려, 일그러지고 비효과적이며 쓸모 없게 만드는 방해 요소이기 때문이다. 의심과 두려움이 있으면 아무 것도 이룰 수 없으며, 그 어느 것도 할 수 없게 된다. 언제나 실패의 길로 인도할 뿐이다.

의심과 두려움을 없애라

의심과 두려움이 틈을 파고들면, 목적과 에너지는 물론 해낼 수 있는 힘과 모든 강인한 생각이 그 자리에서 멈춰버리고 만다.

하겠다는 의지는 할 수 있다는 사실을 깨달을 때 샘솟는다. 의심과 두려움은 이런 사실을 깨닫지 못하게 하는 큰 적이다. 그러므로 이것들이 커지지 않도록 아예 없애 버리지 않으면, 목적 달성을 향해 발자국을 뗄 때마다 훼방을 놓게 된다.

의심과 두려움을 정복한 사람은 실패도 정복한다. 모든 생각은 힘과 결합되어 있어서 어떤 난관도 용감하게 맞서 지혜롭게 이겨낸다. 이런 사람의 목적은 제때에 파종되어 제때 꽃을 피우고, 익기도 전에 떨어지는 낙과 하나 없이 탐스러운 열매를 맺는다.

아무 두려움 없이 생각과 목적이 결합하면 창조적인 힘이 된다. 이런 사실을 아는 사람은 줏대 없는 생각과 변덕스러운 감정 덩어리가 아닌 좀더 고귀하고 좀더 강력해지기 위한 준비를 한다. 또한 생각과 목적을 두려움 없이 결합시킨 사람은 정신력에서 비롯된 의식 있고 지적인 태도를 갖게 된다.

생각과 성공

고귀한 생각은 성공의 씨앗

성공하는 모든 것과 성공하지 못하는 모든 것은 자신이 갖고 있는 생각의 직접적인 결과이다. 균형이 깨진다는 것은 곧 완전한 파멸을 의미할 만큼 완벽하게 질서정연한 우주에서 개인의 책임은 절대적일 수밖에 없다. 나약함과 강인함, 순수함과 불순함은 남의 것이 아닌 바로 자신의 것이다. 그것은 자기 스스로 만들어낸 것이지 다른 사람이 안겨준 게 아니다. 그것들은 오직 자신만이 바꿀 수 있으며 다른 사

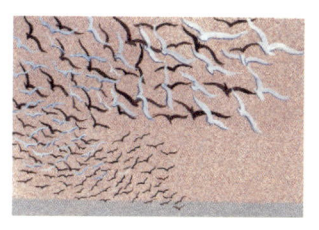

The Thought
Factor
in Achievement

람은 결코 바꿀 수 없다. 자신이 처한 상황 역시 다른 사람이 안겨준 게 아니다. 그것들은 오직 자신만이 바꿀 수 있으며 다른 사람은 결코 바꿀 수 없다. 자신이 처한 상황 역시 다른 사람이 아닌 자신의 것이며, 고통이든 행복이든 자기 내면에서 만들어낸 것이다. "사람은 생각한다, 고로 존재한다."는 말처럼 사람은 자신이 생각하는 대로 계속 존재하게 된다.

아무리 강한 사람도 도움을 받으려는 의지가 없는 약한 사람은 도울 수 없다. 도움을 받을 수 있다 해도

약한 사람은 스스로의 힘으로 강해져야 한다. 약한 사람은 다른 사람을 보고 부러워했던 힘과 장점을 스스로의 노력으로 개발해야 한다. 자신 말고는 자기 처지를 바꿀 수 있는 사람은 아무도 없다.

흔히 "독재자 한 명 때문에 많은 사람들이 노예가 된다. 그 독재자를 증오하자"라는 쪽으로 생각하고 말해 왔다. 하지만 요즈음 이런 견해를 뒤집는 경향이 조금씩 늘고 있다. 즉 "한 사람이 독재자인 것은 많은 사람들이 노예이기 때문에 한 사람의 독재자가 나타난다"고 말한다. 사실 독재자와 노예는 모르는 가운데 서로 협조하며, 겉으로는 서로 괴롭히는 것 같지만 실제로는 자신을 괴롭히고 있다.

완전한 깨달음의 눈으로 보면 억압받는 사람의 무기력함과 억압하는 사람의 권력 남용 사이에서 어떤 법칙이 작용하고 있는지 파악할 수 있다. 완전한 사랑의 눈으로 보면 양쪽 모두가 필연적으로 겪는 고통을 알게 되어 그 어느 쪽도 비난하지 않는다. 더 나아가서 온전히 자비로운 마음을 갖게 되면 억압받는 자와 억압하는 자를 모두 끌어안게 된다.

나약함을 정복하고 모든 이기적인 생각을 밀어낸 사람은 억압하는 자도 억압받는 자도 아니므로, 그는 자유롭다. 사람은 생각을 더 높이 끌어올려야만 도약하고 정복하고 성취할 수 있다. 생각을 끌어올리는 변화를 거부하면, 나약하고 비굴하고 불쌍한 존재로 남게 된다.

희생없는 발전은 없다

그것이 비록 세속적인 것일지라도 무언가를 성취하려면 먼저 생각의 수준을 높여야 하며, 생각을 노예 같은 동물적인 방탕에 그대로 두어서는 안 된다. 아무리 애서도 동물적인 성향과 이기심을 완전히 버리지는 못하겠지만, 성공을 위해서라면 적어도 그중 일부분은 희생시켜야 한다.

야만적인 방탕한 생각을 제일로 치는 사람은 명석하게 사고하지 못할 뿐만 아니라, 체계적이고 꼼꼼하게 계획을 세우지도 못한다. 그런 사람은 잠재력을 찾아내어 키울 수도 없으며, 어떤 일을 하더라도 실패하게 된다. 이제라도 단호하게 자기 생각을 통

제하지 않으면, 업무를 관장하거나 막중한 책임이 주어지는 위치에는 오를 수 없으며 독자적으로 처신해서 자립하기도 어렵다. 이처럼 사람은 스스로 선택한 생각의 범위를 벗어나지 못한다.

희생 없이는 발전도 성공도 있을 수 없다. 마음을 혼란시키는 방탕한 생각을 과감히 희생시키고, 자신이 세운 계획을 발전시키며 결단력과 자립심을 더욱 강하게 키우는 데 얼마나 마음을 쏟았는가 하는 것이 성공의 잣대가 될 것이다. 생각이 고매하면 할수록 더욱 사람답고 바르고 정의로운 사람이 될 것이며, 크게 성공할수록 더 많은 축복을 받으며 영원한 성취를 이루게 된다.

세상은 탐욕스럽고 정직하지 못하며 사악한 사람을 좋아하지 않는다. 언뜻 보기에 그런 사람들을 좋아하는 것처럼 보일 때도 있지만, 세상은 정직하고 관대하며 덕이 있는 선한 사람을 돕는다. 고금의 위대한 스승들 모두가 온갖 방법으로 이런 사실을 줄기차게 주장해 왔듯이, 그것을 증명하고 깨달으려면 자신이 생각을 더 높게 가짐으로써 더 많은 덕을 계속해서 쌓아가는 길밖에 없다.

성공도 실패도 생각하기 나름이다

 지적인 성공은 우리의 삶이나 자연에서 지식을 탐구하고, 아름다움과 진리를 찾기 위해 생각을 집중시켜온 결과이다. 이 같은 성취가 때로는 허영이나 야망과 이어지기도 하지만, 지적인 성취란 본래 그런 것으로부터 얻어지는 것이 아니다. 지적인 성취는 오랫동안 끈기 있게 노력하고, 항상 순수하고 희생적인 생각을 품을 때 자연히 얻어지는 결과인 것이다.

 정신적인 성취는 성스런 열망이 실현된 것이다. 변함없이 숭고하고 높은 생각을 하며 순수하고 희생적인 생각을 떠나지 못하는 사람은 마치 태양이 정점에 이르고 달이 차는 것만큼 확실하게 지혜롭고 숭고한 성품을 얻게 되며, 다른 사람에게 감동적인 영향력과 축복을 주는 자리에 오르게 된다.

 어떤 종류의 성취든 그것은 노력과 생각의 결과로 얻은 면류관이다. 자제력과 결단력, 순수함과 정의, 올바른 생각은 사람이 좀더 높은 차원으로 도약하도록 도와준다. 그런가 하면 방탕함과 게으름, 불순함, 부패, 줏대 없는 생각 때문에 추락하기도 한다.

세속적인 사업에서 크게 성공하고 정신 세계에서도 높은 수준에 올랐더라도 오만하고 이기적이고 부패한 생각에 사로잡히게 되면 다시 나약함과 초라함 속으로 곤두박질칠 수 있다.

올바른 생각으로 얻은 승리라 하더라도 방심하지 않아야 계속 유지될 수 있다. 성공이 확실하게 보이는 때에 머뭇거리다가 순식간에 실패의 진창에 처박히는 경우가 많기 때문이다. 사업적인 성공이든, 지성이나 정신 세계에서의 성공이든 성공이란 단호하게 통제된 생각에서 얻어진 결과이며, 모두 같은 법칙과 같은 방법에 의해 지배된다. 다만 도달하고자 하는 목적만이 다를 뿐이다.

적게 이루고 싶은 사람은 적게 희생해도 좋다. 많이 성취하려는 사람은 많이 희생해야 한다. 더 높은 곳에 도달하려는 사람은 엄청난 희생을 치러야 한다.

비전과 이상

신세계 교향악, 비전과 이상

꿈꾸는 이들은 세상을 구원하는 사람들이다. 보이지 않는 정신 세계가 보이는 물질 세계를 지탱하듯이, 사람은 시련과 죄악, 탐욕스런 일을 겪으면서도 고독한 몽상가의 아름다운 비전이 있기에 살맛이 나는 것이다. 인류는 꿈꾸는 이들을 외면할 리 없으며, 그들의 이상이 빛을 잃고 사라지게 내버려두지도 않는다. 인류는 꿈꾸는 이들 안에 거하며, 언젠가는 인류가 직접 보고 알게 될 현실이 될 것임을 안다.

Visions and Ideals

  작곡가, 조각가, 화가, 시인, 선지자, 현자 등등은 미래 세계를 만드는 사람들이며, 천국을 건축하는 사람들이다. 그들이 있기에 세상은 아름답다. 그들이 없다면 고통을 겪고 있는 인류는 타락의 길로 빠져들 것이다.

  아름다운 비전과 높은 이상을 가슴에 품은 사람은 언젠가는 그것을 실현시키게 된다. 콜럼버스는 아직 알려지지 않은 미지의 다른 세계에 대한 비전을 갖고 항해에 나서서 결국 신대륙을 발견했다. 코페르니쿠

스는 우주 만물의 다양성에 관한 비전을 소중하게 키워온 끝에 결국 그 진실을 밝혀냈으며, 석가는 티없이 깨끗한 아름다움과 완벽한 평화가 깃들인 열반의 세계를 꿈꾸다가 마침내 그런 세계로 입적했다.

당신의 비전을 소중히 간직하라. 당신의 이상을 소중히 간직하라. 당신의 가슴을 떨리게 하는 음악과 당신 가슴속에서 우러나오는 아름다움을 간직하라. 당신의 가장 순수한 생각들을 감싸고 있는 사랑스러움을 소중히 간직하라. 거기에서 모든 기쁨의 상황들과 천국 같은 환경이 자라날 것이며, 진실하기만 하다면 마침내 당신이 꿈꾸던 세계가 눈앞에 펼쳐지게 될 것이다.

원하면 얻을 것이고, 열망을 품으면 이룰 것이다. 그렇다고 저속한 욕망이 충분한 만족감을 주고, 참되고 순수한 열망은 영양 부족으로 힘없이 쓰러지겠는가? 세상에 그런 법은 없으며, 그런 상황은 결코 일어나지 않는다.

숭고한 꿈을 꾸어라, 그리하면 당신이 바라던 대로 이루어질 것이다. 당신의 비전은 언젠가 이루어질 당신과의 약속이며, 당신의 이상은 마침내 드러날 당신의 모습에 대한 예언이다.

꿈은 현실을 낳는다

가장 위대한 업적도 처음 한동안은 꿈이었다. 참나무가 도토리 안에서 잠들어 있고, 새가 알에서 부화를 기다리듯이 영혼의 가장 높은 비전 안에서는 활짝 깨어 있는 천사가 부지런히 움직이고 있다. 꿈은 현실로 자라날 어린 묘목이다.

지금의 처지가 딱할지 모르지만, 높은 이상을 품고 거기에 도달하기 위해 노력하면 그런 처지는 오래 계속되지 않을 것이다. 마음은 여행하는데, 몸이 그대로 서 있을 수는 없기 때문이다.

여기 가난과 힘든 노동에 짓눌린 젊은이가 있다. 그는 건강에 좋지 않은 열악한 일터에서 오랜 시간 작업을 해야 하며, 학교도 제대로 다니지 못했고, 세련된 예술을 접하지 못한다. 하지만 그는 보다 나은 삶을 꿈꾸고 있으며, 지성과 세련됨과 우아함과 아

름다움에 대해 늘 생각한다. 그는 이상적인 삶의 조건을 마음속에 설계해 두고, 폭넓은 자유와 보다 큰 활동 무대를 향한 비전에 사로잡혀 있다. 앞날에 대한 조바심이 그를 실천하도록 이끌자 얼마 안 되는 여가 시간이지만 자신의 잠재력과 재능을 계발하는 데 모두 활용한다.

머지않아 그의 정신 세계가 변화하여, 그가 일하는 작업장 따위는 더 이상 그를 붙들어두지 못하게 된다. 그 작업장은 그가 갈고 닦은 정신 세계와 어울리지 않기 때문에 마치 낡은 헌옷을 벗어버리듯 지금까지 살아온 그의 삶에서 떨어져 나가게 된다. 그의 능력이 커질수록 자신의 능력에 알맞는 기회가 많아지면서 그는 영원히 그곳을 벗어나게 된다.

세월이 흐르고, 우리는 완전히 성장한 그 젊은이를 본다. 그는 확실한 정신적 지도자가 되어 온 세상에 영향을 미치며 누구도 넘보지 못할 강한 힘을 발휘하고 있다. 그의 손에는 엄청난 책임감이 쥐여져 있다. 그가 말하는 것을 보라! "삶은 바뀌어질 수 있다"는 그의 말과 생각에 감동한 수많은 사람들이 자신의 성격을 바꾸고, 그는 마치 태양처럼 수많은 운명들이 주위를 돌고 있는 중심에 자리 잡고 빛나고 있다. 그는 젊은 날의 비전을 실현시켰다. 바로 자신이 꿈꾸던 높은 이상에 도달한 것이다.

이 책을 읽고 있는 젊은 독자들 역시 가슴에 품고 있는 비전을 실현시킬 수 있다. 그것이 쓸데없는 헛된 꿈만 아니라면 말이다. 당신은 언제나 가장 좋아하는 것에 은근히 끌리게 되어 있으므로 그 결과는 저속할 수도 있고 아름다울 수도 있으며 아니면 둘을 섞은 것일 수도 있다. 당신의 손에는 당신이 품어 온 생각대로 빚어진 결과가 쥐어지게 된다. 당신은 뿌린 대로 거둔다. 그 이상도, 그 이하도 아니다.

당신이 처한 지금의 형편이 어떻든, 당신의 생각과 비전과 이상에 따라 추락하거나 그대로이거나 높이 솟아오를 것이다. 당신은 당신의 욕망을 억제하는 만큼 작은 존재가 될 것이며, 대망의 꿈을 안고 정진하는 만큼 크게 될 것이다.

스탠턴 커크햄 데이비스는 다음과 같은 아름다운 이야기를 남겼다.

"……그대가 회계장부나 기록하고 있어도 좋지만,

이제 오랜 세월 그대의 이상을 가로막고 있는 장애물로 여겼던 문 밖으로 걸어나가시오. 귀에는 펜을 꽂고, 손가락에는 잉크가 묻어 있는 채로. 관중 앞에 서 있는 그대 자신을 발견하고, 즉석에서 급류처럼 머리에 떠오른 영감을 폭포처럼 힘차게 쏟아내시오."

"……그대가 양떼를 몰고 있어도 좋지만, 순진하고 어리둥절한 모습으로 도시로 들어가십시오. 그리고 영혼의 강한 이끌림을 따라 위대한 스승의 연구실을 찾아가십시오. 세월이 흐르고, 스승은 말할 것입니다. '자네에게 더 가르칠 게 없군' 이라고. 이제 당신은 거장이 되었습니다. 양떼를 몰면서 꾸었던 원대한 꿈을 마침내 이루었습니다. 세상을 혁신시키기 위해서 당신은 결단을 내리고, 양떼를 모는 지팡이쯤은 과감히 버려야 합니다."

행운같은 것은 없다

경솔하고 무지하며 하릴없이 빈둥거리는 사람은 사물의 본질을 보지 못하고 겉으로 드러난 결과만 보기 때문에 행운이나 재수, 요행이라는 말을 자주 들먹인다. 점점 부자가 되는 사람을 보고 그들은 "정말 재수가 좋군!"이라고 말한다. 남보다 뛰어난 통찰력으로 지혜로운 사람이 되면, "운명이 그 사람 편인가 봐!"라고 부러워한다. 더 많은 덕을 쌓고 다른 사람을 감화시키는 사람을 보면 "하는 일마다 정말 운이 좋았지!"라고 말한다.

그들은 이런 사람들이 능력을 쌓기 위해 얼마나 많은 시련과 실패에 맞서 싸웠는가는 알지 못한다. 이들이 어떤 희생을 치렀는지, 또 얼마나 용기 있게 노력했으며, 신뢰를 쌓기 위해 얼마나 많은 훈련을 했는지도 모른다. 넘기 힘든 장애를 극복해가며 가슴속에 품은 비전을 실현시켰다는 사실은 전혀 모른다.

사물의 겉만 보는 자들은 성공하기까지 수없이 헤쳐 나와야 했던 어둠과 비탄을 알지 못하고, 지금 눈에 보이는 빛과 기쁨만 보고는 그것을 '행운'이라고 잘라 말한다. 그 길고 험난했던 여정은 보지 못한 채 오직 목적지에 도달한 즐거움만을 보고 "운이 좋다"고 말하며, 힘들게 거쳐온 과정은 이해하지 못하고 얻어진 결과만을 주시하면서 그것을 '요행'이라 가

법게 말한다.

모든 인간사에는 수많은 노력들과 결과들이 있으며, 얼마나 노력했는지는 결과를 보면 알 수 있다. 결코 요행이란 없다. 재능과 능력, 물질과 지혜, 정신적인 자산은 모두 노력의 결실이다. 이것들은 완성된 생각이고, 달성된 목적이며, 실현된 비전이다.

당신의 마음에 품은 비전을 찬미하고, 당신이 가슴에 간직한 높은 이상을 소중하게 키워라. 당신의 삶은 이들에 의해 만들어지며, 당신이 바라던 모습대로 될 것이다.

평온

평온, 그 연원한 안식처

마음의 고요함은 지혜가 낳은 아름다운 보석이다. 그것은 꿋꿋한 자제력으로 오래 참고 노력해온 결과이다. 그것은 무르익은 경험을 나타내며, 생각의 법칙과 적용에 관한 비범한 지식을 보여준다.

사람은 자신의 생각이 진화된 존재라고 깨닫는 만큼 마음도 그만큼 평온해지며, 이런 지식은 생각의 결과로서 다른 사람을 이해해야 얻게 된다. 올바른 깨달음을 위해 노력해서 원인과 결과가 작용하는 사

S e r e n i t y

물의 내적 관계를 더욱 확실하게 알게 되면 안달복달하고 화내고 걱정하고 우울해 하지 않게 된다. 그 대신 차분하고 안정되고 평온한 마음이 된다.

마음이 평온한 사람은 자신을 다스리는 법을 터득했기 때문에 다른 사람에게 자신을 맞출 줄도 알게 된다. 그러면 상대방은 그의 정신적인 강인함을 존경하게 되고, 그에게서 많은 것을 배우고 믿고 의지할 수 있다고 느끼게 된다. 마음이 차분할수록 더욱 크게 성공하게 되고, 더 많은 영향을 미치며, 선을 행

하는 능력도 커진다. 그저 평범한 장사꾼에 지나지 않더라도 강한 자제력과 타고난 친절함을 키워갈수록 사업도 더욱 번창한다는 것을 알게 된다. 사람들은 언제나 안정된 태도를 지닌 사람과 거래하기를 좋아하기 때문이다.

강하고 차분한 사람은 늘 사랑받고 존경받는다. 그는 메마른 땅에 그늘을 만들어주는 커다란 나무 같고, 폭풍 속에서 몸을 피할 수 있는 큰 바위 같은 존재이다. 어느 누가 평온한 마음과 상냥한 품성과 안정된 삶을 좋아하지 않을까? 이런 축복을 받은 사람들은 비가 오든 해가 뜨든, 어떤 변화가 밀어닥치든 개의치 않는다. 언제나 친절하고, 평온하며 차분하기 때문이다.

평온한 성품이 낳은 훌륭한 태도는 인격수양의 마지막 단계이다. 그것은 삶이 피우는 꽃이며 영혼이 맺는 열매이다. 그것은 지혜만큼 귀중하며 황금보다 더 탐나는 것이다. 진리의 바다에서 폭풍우도 닿지 못하는 저 깊고 깊은 바다 속처럼 영원한 고요 속에 잠기는 삶과 비교할 때 오로지 돈만 추구하는 삶은 얼마나 하찮은 것인가!

만족하는 마음은 능력이다

자신의 삶을 부정하며, 발끈하는 성질 때문에 달콤하고 아름다운 것들을 황폐하게 만들고, 자신의 성격을 파괴하여 나쁜 피를 만들어내고 있는 사람이 얼마나 많은가. 대개는 자제력이 부족해서 삶을 망치고 행복을 밀어낸다. 제대로 안정된 삶을 살며, 완성된 성격의 특징인 평온한 태도를 가진 사람을 몇이나 만날 수 있는가!

그렇다. 사람의 마음은 절제하지 못한 열정에 휘둘리고, 억누르지 못한 슬픔에 격앙되며, 불안과 의심으로 흩날리게 되어 있다. 지혜로운 사람, 생각을 다스려 순화시킨 사람만이 영혼에 불어닥치는 세찬 바람과 폭풍우를 얌전하게 잠재울 수 있다.

세파에 시달린 영혼들이여, 그대가 어디에 있든, 어떤 환경에서 살든, 이것만은 알아두자. 삶이란 넓은 바다에는 축복이란 섬들이 미소짓고 있으며, 햇살 가득한 이상이란 해변이 그대를 기다리고 있다는 사실을.

  이제 생각이란 방향키를 단단히 쥐어라. 그대의 영혼인 배에는 선장이 몸을 기대고 있으나, 그는 잠만 자고 있다. 이제 그를 깨워라. 자제력은 배를 움직이는 힘이며, 올바른 생각은 숙련된 기술이다. 그리고 평온한 마음은 능력이다. 그대 가슴에 말하라. "영원히 평온할 지어다!"